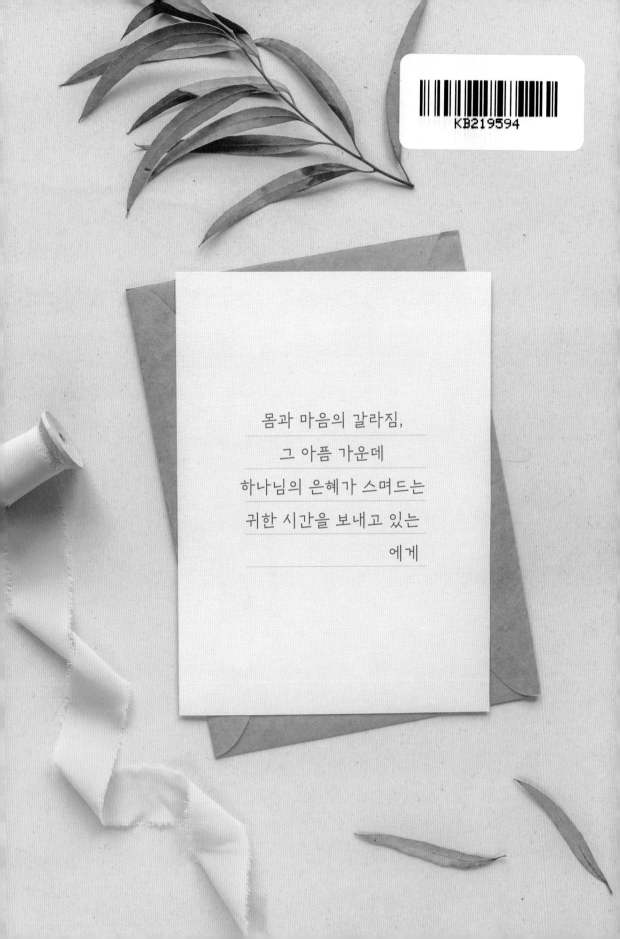

몸과 마음의 갈라짐,

그 아픔 가운데

하나님의 은혜가 스며드는

귀한 시간을 보내고 있는

에게

다시 일어서는 40일

우리 인생에서 할 수만 있다면
피하고 싶은 고난 중 하나는 몸의 질병입니다.
영혼과 마찬가지로 몸도
어느 순간 제 기능을 발휘하지 못할 때가 있습니다.
때로 몸의 갈라짐은 영혼과 정신까지도 지치게 만들기도 합니다.

여기 하나님의 소망의 말씀이 있습니다.
이 능력의 말씀은
수천 년 동안 그리스도인의 몸과 마음을 치유하며
새로운 생기를 불어 넣었습니다.
천국으로 가는 첩경이 이곳에 있습니다.
이 모든 부당한 고난이
축복으로 바뀌는 기적을 경험하십시오.

이승로

CONTENTS

Su^{mm}er 뜨거운 광야의 여름을 지나며

CONTENTS

Autumn 고독한 가을의 문턱에서

CONTENTS

Winter 매서운 겨울바람을 견디고

CONTENTS

Spring 시작되는 생명의 봄

Summer

뜨거운
광야의 여름을 지나며

말씀은 살아 있어 나에게 말을 건다.
말씀은 발이 있어 나를 쫓아온다.
말씀은 손이 있어 나를 붙든다.

- Martin Luther

The Bible is alive, it speaks to me;
it has feet, it runs after me;
it has hands, it lays hold of me.
- Martin Luther

하나님을 묵상하기만 해도

16 많은 군대로 구원 얻은 왕이 없으며 용사가 힘이 세어도 스스로 구원하지 못하는도다 17 구원하는 데에 군마는 헛되며 군대가 많다 하여도 능히 구하지 못하는도다 18 여호와는 그를 경외하는 자 곧 그의 인자하심을 바라는 자를 살피사 19 그들의 영혼을 사망에서 건지시며 그들이 굶주릴 때에 그들을 살리시는도다 20 우리 영혼이 여호와를 바람이여 그는 우리의 도움과 방패시로다

(시편 33:16~20)

구원은 자신의 능력으로 얻는 것이 아닙니다. 오직 하나님으로부터 오는 것입니다. 인생의 비극을 만날 때 우리가 가진 작은 능력을 계수하며 절망하는 일을 멈추십시오. 문제의 어려움이나 근심 대신 하나님을 묵상하기만 해도 문제의 절반은 해결된 것입니다. 창조주 하나님의 광대하심을 묵상하고 하나님의 이름을 의지하며 자비를 구하십시오. 마음을 지으신 하나님께서 하나님을 경외하는 자를 반드시 구원하실 것입니다.

🌿 나의 기도 🌿

나의 모자라고 부족한 능력을 묵상하거나
사람들의 죄악을 묵상하는 시간이 너무
많았습니다. 하나님을 묵상하기만 해도 절망을
벗어날 수 있는 비밀을 깨닫게 하시니 감사합니다.
오늘 어리석은 삶의 방법들을 버립니다.
하루를 시작하는 새벽이 하나님의 평화로
충만하게 하시고 해가 지는 저녁에는
감사로 눈을 감게 하소서.

SUMMER

AUTUMN

WINTER

SPRING

고독한
기다림 끝에

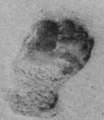

1 내가 내 파수하는 곳에 서며 성루에 서리라 그가 내게 무엇이라 말씀하실는 지 기다리고 바라보며 나의 질문에 대하여 어떻게 대답하실는지 보리라 하였더니 2 여호와께서 내게 대답하여 이르시되 너는 이 묵시를 기록하여 판에 명백히 새기되 달려가면서도 읽을 수 있게 하라 3 이 묵시는 정한 때가 있나니 그 종말이 속히 이르겠고 결코 거짓되지 아니하리라 비록 더딜지라도 기다리라 지체되지 않고 반드시 응하리라

(하박국 2:1~3)

하박국은 고뇌에 찬 질문이 끝난 후 성루에 서서 하나님의 대답을 기다립니다. 우리의 모든 기도 후에 필요한 것은 기다림입니다. 하박국이 원한 것은 당장 모든 악인이 멸절되는 것이 아니라 자신의 질문에 대한 하나님의 답변이었습니다. 본문을 통해 우리는 하나님의 답변이 가지는 특징을 배울 수 있습니다. 첫째, 정한 때가 있습니다. 둘째, 결코 거짓되지 않습니다. 셋째, 더딜지라도 기다려야 합니다. 넷째, 지체되지 않고 반드시 응하게 됩니다. 간절히 기도하고 하나님의 대답을 들었다면 하나님의 정한 때까지 기다리십시오. 그 대답이 거짓되지 않고 우리가 보기에는 더딜지라도 하나님의 관점에서 가장 빨리 이뤄진다는 사실을 믿으십시오. 교만하고 정직하지 못하게 살아가는 악인의 번영을 바라보며 낙심할 수 있습니다. 그러나 의인은 믿음으로 살아가야 합니다. 오늘 성루에 올라가 기다리십시오. 그리고 하나님께서 우리에게 주시는 말씀을 굳게 붙잡으십시오.

🌿 나의 기도 🌿

성루에 올라가 주님을 기다립니다. 거짓되지 않은 진실한 답변이
나의 마음을 위로할 줄 믿습니다. 더디게 보이지만 실상은 빨리 움직이시는
주님을 신뢰합니다. 내가 원하는 때가 아니라 하나님께서 정하신 때가 가장
적절한 시간이라는 것을 믿습니다. 오늘 악인의 번영을 바라보며
마음 상할지라도 하나님을 향한 믿음으로 하루를 살아갑니다.
나의 마음이 흔들리지 않도록 붙들어 주소서.

절망하십시오.
그러나 포기하지 마십시오

¹ 내가 내 음성으로 하나님께 부르짖으리니 내 음성으로 하나님께 부르짖으면 내게 귀를 기울이시리로다 ² 나의 환난 날에 내가 주를 찾았으며 밤에는 내 손을 들고 거두지 아니하였나니 내 영혼이 위로받기를 거절하였도다 ³ 내가 하나님을 기억하고 불안하여 근심하니 내 심령이 상하도다 (셀라) ⁴ 주께서 내가 눈을 붙이지 못하게 하시니 내가 괴로워 말할 수 없나이다 ⁵ 내가 옛날 곧 지나간 세월을 생각하였사오며 ⁶ 밤에 부른 노래를 내가 기억하여 내 심령으로, 내가 내 마음으로 간구하기를 ⁷ 주께서 영원히 버리실까, 다시는 은혜를 베풀지 아니하실까, ⁸ 그의 인자하심은 영원히 끝났는가, 그의 약속하심도 영구히 폐하였는가, ⁹ 하나님이 그가 베푸실 은혜를 잊으셨는가, 노하심으로 그가 베푸실 긍휼을 그치셨는가 하였나이다 (셀라)

(시편 77:1~9)

신앙생활 중에 우리는 종종 하나님을 믿지 못할 것 같은 순간을 만납니다. 그것은 우리의 믿음이 연약하기 때문이기도 하지만, 우리의 간절한 기도에도 응답하지 않으시는 하나님 때문이기도 합니다. 그런 순간에 우리는 시편 기자의 고백처럼 뜬눈으로 밤을 지새우기도 하고, 거절감에 크게 상심하기도 합니다. "주께서 나를 영원히 버리신 것인가, 은혜를 거두어 가신 것인가, 베푸실 은혜와 긍휼을 완전히 잊으신 것인가?" 하며 스스로 자문하기도 합니다. 사실 신앙의 여정은 이러한 절망의 연속입니다. 처참한 나 자신의 모습에, 회복 불가능해 보이는 이 세상의 모습에, 그리고 그 가운데 하나님의 부재(不在)를 경험하며 또다시 더욱 절망합니다. 그러나 그럼에도 불구하고 우리는 그 절망의 자리에서 더 치열하게 하나님을 찾아야 합니다. 절망 가운데 분노하고 회의(懷疑)할 때 비로소 우리는 자기 신앙에 대해 스스로 질문하며 참 신앙의 진수로 나아갈 수 있습니다. 내가 믿는 것이 무엇인지, 하나님이 누구이신지에 대해 진지하고도 분명한 답을 찾아가는 것입니다. 절망하십시오. 그러나 포기하지 마십시오. 끝까지 하나님을 붙잡고 나의 하나님을 찾아가십시오.

나의 기도

> 절망하면 절망할수록 하나님을 찾습니다. 소망할 수 있는 것이 하나님뿐이기 때문입니다. 하나님이 없는 것처럼 여겨질 때도 포기하지 않게 하소서. 더욱 끈질기게 하나님을 찾겠습니다. 간구한 것에 대한 응답이 아닐지라도 주님을 만나게 하소서. 내가 믿는 주님을 알게 하소서.

나는 노래하리라

16 내가 들었으므로 내 창자가 흔들렸고 그 목소리로 말미암아 내 입술이 떨렸도다 무리가 우리를 치러 올라오는 환난 날을 내가 기다리므로 썩이는 것이 내 뼈에 들어왔으며 내 몸은 내 처소에서 떨리는도다 17 비록 무화과나무가 무성하지 못하며 포도나무에 열매가 없으며 감람나무에 소출이 없으며 밭에 먹을 것이 없으며 우리에 양이 없으며 외양간에 소가 없을지라도 18 나는 여호와로 말미암아 즐거워하며 나의 구원의 하나님으로 말미암아 기뻐하리로다 19 주 여호와는 나의 힘이시라 나의 발을 사슴과 같게 하사 나를 나의 높은 곳으로 다니게 하시리로다 이 노래는 지휘하는 사람을 위하여 내 수금에 맞춘 것이니라

(하박국 3:16~19)

절망 때문에 흔들렸던 하박국이 이제는 하나님 때문에 흔들립니다. 이제 하박국은 더는 실현되지 않는 공의 때문에 두려워하지 않습니다. 실현될 공의와 심판 때문에 두려워합니다. 이것이 하나님 말씀의 능력입니다. 하나님 말씀에 사로잡힌 자는 더 이상 현실이 아니라 하나님의 뜻에 따라 생각하고 판단하고 느끼게 됩니다. 하박국은 무성하지 못한 무화과나무와 열매 없는 포도나무와 소출 없는 감람나무, 심지어 소가 없는 외양간을 바라보아도 더는 절망하지 않습니다. 그를 뛰고 춤추게 하시는 하나님이 계시기 때문입니다. 그가 바라보는 미래는 풍성한 소출이 가득한 밭과 양과 소가 가득한 우리입니다. 하나님께서는 우리의 발을 사슴처럼 뛰게 하십니다. 지금 우리를 절망하게 하는 현실은 무엇입니까? 이제 하나님께 나아가십시오. 현실은 당장 변화되지 않을지라도 우리는 반드시 변화될 것입니다. 주님께서는 소가 없는 외양간을 바라봐도 담대할 수 있는 자로, 기뻐하고 즐거워할 수 있는 자로 우리를 변화시킬 것입니다. 이것이 바로 진정한 그리스도인의 삶입니다.

🌿 나의 기도 🌿

무화과나무를 열매 맺게 하고 외양간에 소가 가득하게 만드실 이는 오직 하나님이십니다. 내 삶과 우리 가정을 새롭게 하실 유일한 분도 하나님이십니다. 모든 불의를 척결하고 세상을 아름답게 만드실 하나님을 찬양합니다. 이 아름다운 믿음이 내 마음과 생각을 지키게 하소서.

SUMMER
AUTUMN
WINTER
SPRING

물고기
뱃속을 나오는 법

4 내가 말하기를 내가 주의 목전에서 쫓겨났을지라도 다시 주의 성전을 바라
보겠다 하였나이다 5 물이 나를 영혼까지 둘렀사오며 깊음이 나를 에워싸고
바다 풀이 내 머리를 감쌌나이다 6 내가 산의 뿌리까지 내려갔사오며 땅이 그
빗장으로 나를 오래도록 막았사오나 나의 하나님 여호와여 주께서 내 생명을
구덩이에서 건지셨나이다 7 내 영혼이 내 속에서 피곤할 때에 내가 여호와를
생각하였더니 내 기도가 주께 이르렀사오며 주의 성전에 미쳤나이다

(요나 2:4~7)

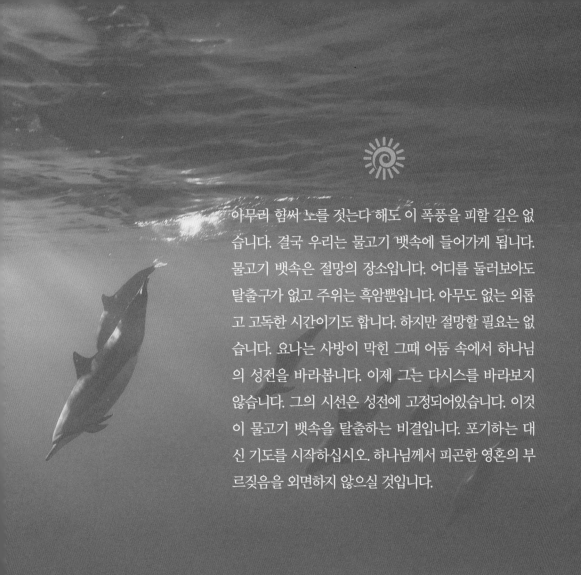

아무리 함써 노를 젓는다 해도 이 폭풍을 피할 길은 없습니다. 결국 우리는 물고기 뱃속에 들어가게 됩니다. 물고기 뱃속은 절망의 장소입니다. 어디를 둘러보아도 탈출구가 없고 주위는 흑암뿐입니다. 아무도 없는 외롭고 고독한 시간이기도 합니다. 하지만 절망할 필요는 없습니다. 요나는 사방이 막힌 그때 어둠 속에서 하나님의 성전을 바라봅니다. 이제 그는 다시스를 바라보지 않습니다. 그의 시선은 성전에 고정되어있습니다. 이것이 물고기 뱃속을 탈출하는 비결입니다. 포기하는 대신 기도를 시작하십시오. 하나님께서 피곤한 영혼의 부르짖음을 외면하지 않으실 것입니다.

나의 기도

하나님의 눈을 피해 다시스로 가다가 물고기 뱃속에 빠진 요나가
바로 저의 모습입니다. 이제는 사방이 막혀 더는 도망갈 수조차 없습니다.
오늘 깊은 골방 속에서 주님께 나아갑니다.
피곤하고 지칠지라도 편안하게 자고 있던 배 밑바닥보다
기도하고 있는 물고기 뱃속이 더 소망이 있다는 것을 믿습니다.
나를 이 구덩이에서 건져내소서.

SUMMER

AUTUMN

WINTER

SPRING

박넝쿨 그늘 밑을 떠나라

5 요나가 성읍에서 나가서 그 성읍 동쪽에 앉아 거기서 자기를 위하여 초막을 짓고 그 성읍에 무슨 일이 일어나는가를 보려고 그 그늘 아래에 앉았더라 6 하나님 여호와께서 박넝쿨을 예비하사 요나를 가리게 하셨으니 이는 그의 머리를 위하여 그늘이 지게 하며 그의 괴로움을 면하게 하려 하심이었더라 요나가 박넝쿨로 말미암아 크게 기뻐하였더니 7 하나님이 벌레를 예비하사 이튿날 새벽에 그 박넝쿨을 갉아먹게 하시매 시드니라 8 해가 뜰 때에 하나님이 뜨거운 동풍을 예비하셨고 해는 요나의 머리에 쪼이매 요나가 혼미하여 스스로 죽기를 구하여 이르되 사는 것보다 죽는 것이 내게 나으니이다 하니라 9 하나님이 요나에게 이르시되 네가 이 박넝쿨로 말미암아 성내는 것이 어찌 옳으냐 하시니 그가 대답하되 내가 성내어 죽기까지 할지라도 옳으니이다 하니라 10 여호와께서 이르시되 네가 수고도 아니하였고 재배도 아니하였고 하룻밤에 났다가 하룻밤에 말라 버린 이 박넝쿨을 아꼈거든 11 하물며 이 큰 성읍 니느웨에는 좌우를 분변하지 못하는 자가 십이만여 명이요 가축도 많이 있나니 내가 어찌 아끼지 아니하겠느냐 하시니라

(요나 4:5~11)

요나는 하나님께서 자비하고 은혜로우시다는 사실을 알고 있었지만 요나 안에 하나님의 자비와 은혜는 없었습니다. 그는 니느웨의 회개를 보며 차라리 죽음을 구합니다. 우리 안에는 모두 이런 고집이 있습니다. 우리의 생각과 뜻이 무너지는 것을 보는 바에는 차라리 죽고 싶어 합니다. 우리의 분노가 정당하다고 믿기 때문입니다. 하나님 앞에서까지 우리의 옳음을 주장하는 것이 바로 교만입니다. 주님께서는 이런 요나를 가르치시기 위해 박넝쿨을 허락하십니다. 요나는 박넝쿨 때문에 기뻐하지만 벌레와 뜨거운 동풍이 오자 다시 원망합니다. 박넝쿨과 벌레와 동풍은 우리가 하나님을 알아가기 위한 도구일 뿐입니다. 은혜로 주셨던 박넝쿨이 사라진다 해도 하나님을 원망할 근거가 될 수는 없습니다. 박넝쿨이 주는 즐거움에서 벗어나 하나님의 마음과 뜻을 알기 위해 힘쓰십시오. 철저히 은혜로 얻었던 것들을 잃어버렸다고 성내기보다는 주님이 나에게 알려주시려고 하는 그 말씀에 귀를 기울이십시오. 하나님의 마음이 우리의 마음이 되기를 소망합니다.

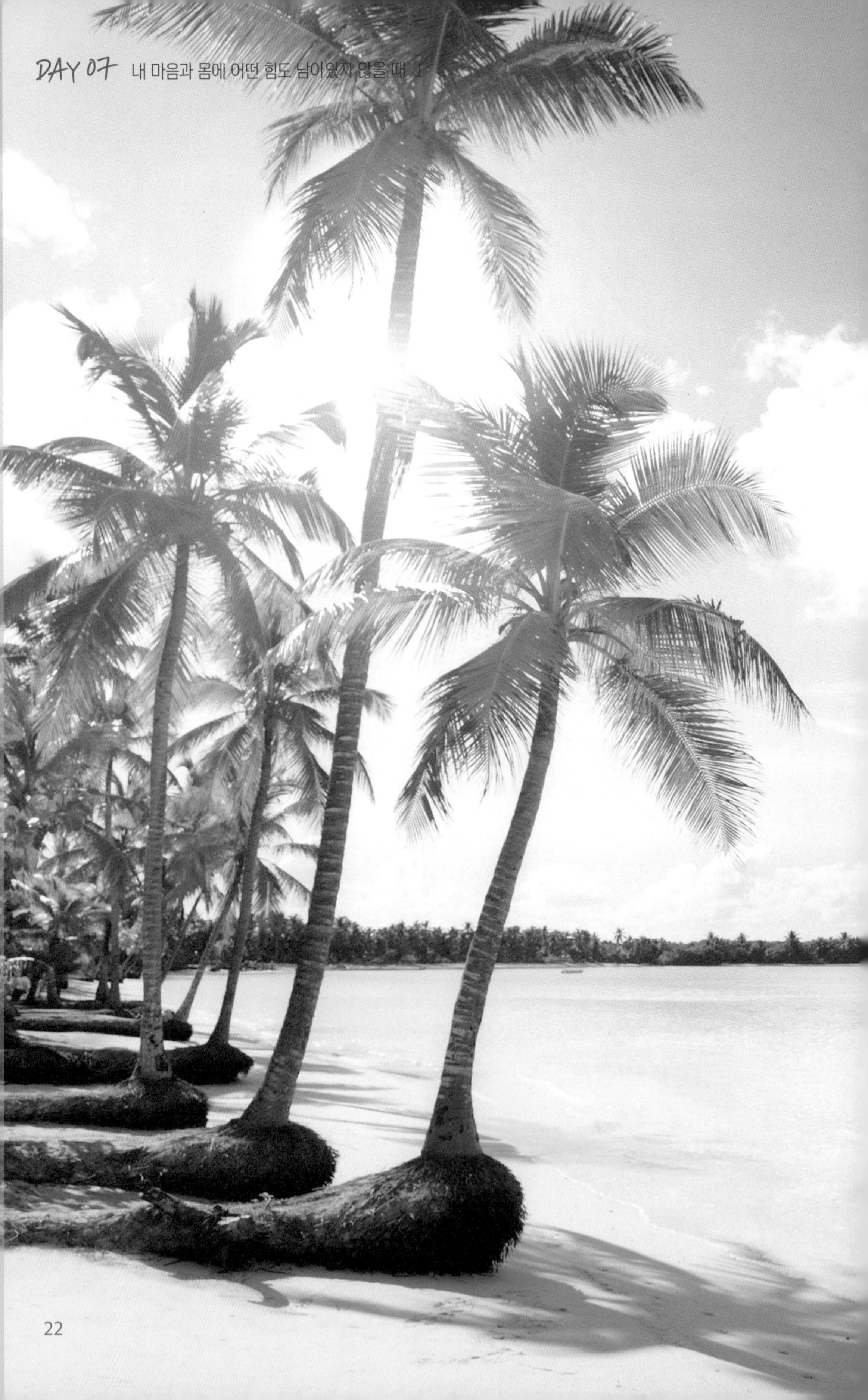

이 피곤하고
지친 삶을 벗어나

27 야곱아 어찌하여 네가 말하며 이스라엘아 네가 이르기를 내 길은 여호와께 숨겨졌으며 내 송사는 내 하나님에게서 벗어난다 하느냐 28 너는 알지 못하였느냐 듣지 못하였느냐 영원하신 하나님 여호와, 땅 끝까지 창조하신 이는 피곤하지 않으시며 곤비하지 않으시며 명철이 한이 없으시며 29 피곤한 자에게는 능력을 주시며 무능한 자에게는 힘을 더하시나니 30 소년이라도 피곤하며 곤비하며 장정이라도 넘어지며 쓰러지되 31 오직 여호와를 앙망하는 자는 새 힘을 얻으리니 독수리가 날개치며 올라감 같을 것이요 달음박질하여도 곤비하지 아니하겠고 걸어가도 피곤하지 아니하리로다 (이사야 40:27~31)

오늘도 피곤하고 지친 나의 하루를 돌아봅니다. 각박한 현실 앞에서 나의 무능함을 느끼며 고개 숙였습니다. 하나님을 바라보기에 너무 지치고 바빴다고 말해왔지만, 실제로는 하나님을 바라보지 않아서 지치고 피곤했습니다. 이제 날마다 하나님을 앙망하며 도우심을 구하고 싶습니다. 피곤하고 곤비한 내게 새 힘을 허락하사 오직 복음을 위해 달리게 하소서.

SUMMER
AUTUMN
WINTER
SPRING

의로운 오른손으로
붙들리라

8 그러나 나의 종 너 이스라엘아 내가 택한 야곱아 나의 벗 아브라함의 자손아 9 내가 땅 끝에서부터 너를 붙들며 땅 모퉁이에서부터 너를 부르고 네게 이르기를 너는 나의 종이라 내가 너를 택하고 싫어하여 버리지 아니하였다 하였노라 10 두려워하지 말라 내가 너와 함께 함이라 놀라지 말라 나는 네 하나님이 됨이라 내가 너를 굳세게 하리라 참으로 너를 도와 주리라 참으로 나의 의로운 오른손으로 너를 붙들리라

(이사야 41:8~10)

아버지 집을 떠난 탕자와 같이 초라한 모습으로 돌아온 이스라엘 백성을 하나님께서 위로하십니다. 거센 물과 불도 그들을 해칠 수 없습니다. 그들의 인생이 하나님의 의로운 오른손 안에 있기 때문입니다. 언제나 하나님께서는 자신의 백성을 도우십니다. 가장 낮고 연약한 중에 있는 자신의 백성에게 너의 하나님이 되겠다고 말씀하십니다. 하나님이 허락하신 고난과 역경 가운데 오직 하나님의 의로운 오른손만을 붙잡으십시오. 우리의 인생을 구원하는 힘은 오직 하나님의 손으로부터 나옵니다.

나의 기도

삶의 역경과 고난 중에 불안과 두려움이 나를 사로잡는 것이 아니라 하나님의 말씀이 나를 사로잡게 하소서. 이해할 수 없는 고난 중에도 나와 함께 하신다는 하나님의 음성을 듣게 하시고, 의로운 오른손으로 붙잡힌 바 되어 강하고 담대한 하나님의 자녀로 살게 하소서.

너는 내 것이라

성경필사

¹야곱아 너를 창조하신 여호와께서 지금 말씀하시느니라 이스라엘아 너를 지으신 이가 말씀하시느니라 너는 두려워하지 말라 내가 너를 구속하였고 내가 너를 지명하여 불렀나니 너는 내 것이라 ²네가 물 가운데로 지날 때에 내가 너와 함께 할 것이라 강을 건널 때에 물이 너를 침몰하지 못할 것이며 네가 불 가운데로 지날 때에 타지도 아니할 것이요 불꽃이 너를 사르지도 못하리니 ³대저 나는 여호와 네 하나님이요 이스라엘의 거룩한 이요 네 구원자임이라 내가 애굽을 너의 속량물로, 구스와 스바를 너를 대신하여 주었노라

(이사야 43:1~3)

SUMMER

AUTUMN

WINTER

SPRING

이전보다
나은 삶을 꿈꾸며

11 내가 너희 위에 사람과 짐승을 많게 하되 그들의 수가 많고 번성하게 할 것이라 너희 전 지위대로 사람이 거주하게 하여 너희를 처음보다 낫게 대우하리니 내가 여호와인 줄을 너희가 알리라 12 내가 사람을 너희 위에 다니게 하리니 그들은 내 백성 이스라엘이라 그들은 너를 얻고 너는 그 기업이 되어 다시는 그들이 자식들을 잃어버리지 않게 하리라

(에스겔 36:11~12)

매를 치고 난 후 상처에 약을 바르시고
회개하고 돌이킨 자녀에게 위로의 선물을 안기시는
하늘 아버지의 사랑은 끝이 없습니다.
심판과 연단 후에 이전보다 나은 삶을 약속하는
주님의 가슴 깊은 사랑을 바라봅니다.
비통한 눈물을 흘릴지라도 주님의 심판을 달게 받겠습니다.
이전보다 나은 삶을 위해 오늘의 아픔을 참고 다시 주님께 나아갑니다.
잃어버린 모든 것을 회복할 때까지 소망 가운데 거하게 하소서.

Autumn

고독한
가을의 문턱에서

나를 돕는 이가
전능하신 분이심을 기억하는 사람은
결코 절망하지 않는다.

- Jeremy Taylor

It is impossible for that man to despair
who remembers that his helper is omnipotent.
- Jeremy Taylor

절망이 아니라
기적을 선택하십시오

1 여호와께서 권능으로 내게 임재하시고 그의 영으로 나를 데리고 가서 골짜기 가운데 두셨는데 거기 뼈가 가득하더라 2 나를 그 뼈 사방으로 지나가게 하시기로 본즉 그 골짜기 지면에 뼈가 심히 많고 아주 말랐더라 3 그가 내게 이르시되 인자야 이 뼈들이 능히 살 수 있겠느냐 하시기로 내가 대답하되 주 여호와여 주께서 아시나이다 4 또 내게 이르시되 너는 이 모든 뼈에게 대언하여 이르기를 너희 마른 뼈들아 여호와의 말씀을 들을지어다 5 주 여호와께서 이 뼈들에게 이같이 말씀하시기를 내가 생기를 너희에게 들어가게 하리니 너희가 살아나리라 6 너희 위에 힘줄을 두고 살을 입히고 가죽으로 덮고 너희 속에 생기를 넣으리니 너희가 살아나리라 또 내가 여호와인 줄 너희가 알리라 하셨다 하라 7 이에 내가 명령을 따라 대언하니 대언할 때에 소리가 나고 움직이며 이 뼈, 저 뼈가 들어 맞아 뼈들이 서로 연결되더라 8 내가 또 보니 그 뼈에 힘줄이 생기고 살이 오르며 그 위에 가죽이 덮이나 그 속에 생기는 없더라 9 또 내게 이르시되 인자야 너는 생기를 향하여 대언하라 생기에게 대언하여 이르기를 주 여호와께서 이같이 말씀하시기를 생기야 사방에서부터 와서 이 죽음을 당한 자에게 불어서 살아나게 하라 하셨다 하라 10 이에 내가 그 명령대로 대언하였더니 생기가 그들에게 들어가매 그들이 곧 살아나서 일어나 서는데 극히 큰 군대더라

(에스겔 37:1~10)

골짜기에 가득했던 이스라엘 백성의 뼈는 하나님의 생기가 들어가 하나님의 군대가 되었습니다. 반면에 위풍당당했던 '곡'의 군대는 오히려 모두 마른 뼈로 변해 버립니다. 적군의 장례를 위해 골짜기 하나가 전부 매장지가 되었습니다. 이 골짜기는 더 이상 소망이 없습니다. 성경은 우리에게 오직 하나님만이 소망이라고 선포합니다. 지금도 한편에서는 소망 없던 마른 뼈가 군대가 되는 기적이, 다른 한편에서는 힘을 추앙하던 군대가 마른 뼈가 되는 절망이 계속되고 있습니다. 이 땅에 사는 누구든 기적과 절망 중 하나를 선택해야 합니다. 오늘 하나님께 마음과 몸을 온전히 돌이키십시오. 영혼이 소생하는 놀라운 기적을 경험할 것입니다.

나의 기도

하나님의 기적을 믿을 수 없어 눈에 보이는 것을 선택해왔습니다.
그러나 소망인 줄 알았던 세상은 절망으로 가득 찬 골짜기였음을
고백합니다. 오늘 다시 믿음으로 기적을 선택합니다.
마른 뼈가 군대가 되는 놀라운 기적을 내 삶에 허락하소서.

쓰디쓴 인생의 물을 마셔야 할 때

²² 모세가 홍해에서 이스라엘을 인도하매 그들이 나와서 수르 광야로 들어가서 거기서 사흘길을 걸었으나 물을 얻지 못하고 ²³ 마라에 이르렀더니 그 곳 물이 써서 마시지 못하겠으므로 그 이름을 마라라 하였더라 ²⁴ 백성이 모세에게 원망하여 이르되 우리가 무엇을 마실까 하매 ²⁵ 모세가 여호와께 부르짖었더니 여호와께서 그에게 한 나무를 가리키시니 그가 물에 던지니 물이 달게 되었더라 거기서 여호와께서 그들을 위하여 법도와 율례를 정하시고 그들을 시험하실새 ²⁶ 이르시되 너희가 너희 하나님 나 여호와의 말을 들어 순종하고 내가 보기에 의를 행하며 내 계명에 귀를 기울이며 내 모든 규례를 지키면 내가 애굽 사람에게 내린 모든 질병 중 하나도 너희에게 내리지 아니하리니 나는 너희를 치료하는 여호와임이라 ²⁷ 그들이 엘림에 이르니 거기에 물 샘 열둘과 종려나무 일흔 그루가 있는지라 거기서 그들이 그 물 곁에 장막을 치니라

(출애굽기 15:22~27)

놀라운 구원을 경험했지만 광야의 삶은 만만치 않았습니다. 사흘 동안 광야를 걸었지만 어디에도 물이 보이지 않았습니다. 겨우 물을 발견했지만 마시지 못하는 쓴 물이었습니다. 계속되는 절망 속 백성은 모세를 원망하기 시작했습니다. 홍해를 건넜던 감격스럽고 벅찬 은혜의 기억들은 당면한 삶의 문제 앞에서 연기처럼 사라졌습니다. 우리의 삶도 이와 같습니다. 죄의 노예에서 하나님을 섬기는 자유인이 되었을 때는 울며 찬양했지만, 삶의 쓰디쓴 물을 마시는 순간 노래는 사라지고 거센 원망과 비판만이 남게 됩니다. 그러나 마라는 백성들이 머물 장소가 아니었습니다. 하나님께서 예비하신 장소는 엘림이었습니다. 삶의 고통이 쓰라리고 당장 단맛이 나지 않더라도 하나님을 기다리십시오. 광야의 예배자를 인도하는 하나님의 사랑을 신뢰하십시오.

🌿 나의 기도 🌿

마라의 쓰디쓴 물 앞에서 절망하고 불평했습니다.
그 앞에 예비하신 엘림을 보지 못했기 때문입니다. 쓰디쓴 인생의 물을 마셔야 할 때 나의 믿음을 증명하게 하소서. 보이지 않더라도 열두 개의 샘물에서 솟아나게 하실 주님을 기대하며 광야의 길을 묵묵히 걸어갑니다. 주님, 오늘도 많이, 더 많이 사랑합니다. 주님의 완전한 사랑을 신뢰하는 하루 되게 하소서.

영적 허니문

14 그러므로 보라 내가 그를 타일러 거친 들로 데리고 가서 말로 위로하고 15 거기서 비로소 그의 포도원을 그에게 주고 아골 골짜기로 소망의 문을 삼아 주리니 그가 거기서 응대하기를 어렸을 때와 애굽 땅에서 올라오던 날과 같이 하리라 16 여호와 께서 이르시되 그 날에 네가 나를 내 남편이라 일컫고 다시는 내 바알이라 일컫지 아 니하리라 17 내가 바알들의 이름을 그의 입에서 제거하여 다시는 그의 이름을 기억 하여 부르는 일이 없게 하리라

(호세아 2:14~17)

하나님은 우리와 혼인하기 위해 먼저 우리를 광야로 데려가십니다. 이곳은 오직 하나님과 나만이 있는 곳입니다. 그리고 바로 그 거친 들, 광야에서 하나님이 하시는 일이 있습니다. 그곳에서 괴로움과 고통의 골짜기가 소망의 문으로 바뀌게 됩니다. 인생에서 가장 괴로웠던 골짜기가 하나님과 함께 하는 순간 소망의 문이 됩니다. 문제거리였던 자녀가 소망의 문이 됩니다. 지금 하나님의 손에 이끌리어 광야로 가십시오. 우리의 마음 깊은 곳에서 주의 음성이 꽹음처럼 울려 퍼지는 광야 한가운데 서십시오. 거룩한 말씀에 이끌려 인생을 새롭게 시작할 수 있을 것입니다.

🌿 나의 기도 🌿

결혼으로 인생을 새 출발 하는 사람들처럼 그리스도의 신부가 되어
새롭게 인생을 시작하고 싶습니다. 주님의 손에 이끌리어 광야로 갑니다.
신랑 되신 예수님만을 바라보겠습니다. 아무도 없는 빈 들에서
말씀으로 나를 위로하고 견책하소서

터가 무너지는 날

1 내가 여호와께 피하였거늘 너희가 내 영혼에게 새 같이 네 산으로 도망하라 함은 어찌함인가 **2** 악인이 활을 당기고 화살을 시위에 먹임이여 마음이 바른 자를 어두운 데서 쏘려 하는도다 **3** 터가 무너지면 의인이 무엇을 하랴 **4** 여호와께서는 그의 성전에 계시고 여호와의 보좌는 하늘에 있음이여 그의 눈이 인생을 통촉하시고 그의 안목이 그들을 감찰하시도다 **5** 여호와는 의인을 감찰하시고 악인과 폭력을 좋아하는 자를 마음에 미워하시도다 **6** 악인에게 그물을 던지시리니 불과 유황과 태우는 바람이 그들의 잔의 소득이 되리로다 **7** 여호와는 의로우사 의로운 일을 좋아하시나니 정직한 자는 그의 얼굴을 뵈오리로다

(시편 11:1~7)

누구도 인생의 터전이 무너지는 순간을 피할 수 없습니다. 경제적 파산을 맞이하기도 하고 친구로부터 배신을 당하기도 합니다. 의지했던 부모님이나 배우자의 죽음 앞에서 평안한 인생이 송두리째 흔들리는 것을 경험하기도 합니다. 본문에서 다윗은 어두운 곳에서 은밀히 자신을 공격하는 악인들로 인해 고초를 겪고 있습니다. 이미 다윗의 평안한 세계는 깨어지고 기초는 무너졌습니다. 이때 우리가 해야 할 일은 무엇입니까? 다윗은 인생의 터전이 흔들릴 때 성전으로 나아가 하나님을 만나라고 선포합니다. 주님은 인생을 통촉하시고 감찰하십니다. 특별히 하나님의 눈은 의인에게 머물러 계십니다. 의인과 악인 사이에는 변하지 않는 진리가 있습니다. 의인과 악인은 결코 서로의 삶을 용납할 수 없다는 것입니다. 의인은 불의를 고통스러워하고 악인은 공의를 고통스러워하기 때문입니다. 공의 자체이신 하나님은 의인을 사랑하십니다. 터전이 무너질 때 우리가 만나야 할 것은 사람이 아닙니다. 영원한 반석 되신 하나님입니다. 오직 공의와 정직 가운데 행하십시오. 그런 자들만이 하나님의 얼굴을 뵐 수 있습니다(시 11:7).

🌿 나의 기도 🌿

삶이 한순간에 무너져 폐허가 되고 겁에 질린
어린아이가 되어 일어설 수조차 없었습니다.
성전에 들어가 하나님을 뵙고 나서야 깨달았습니다.
주님이야말로 나의 진정한 삶의 터전이십니다.
이 땅의 삶이 흔들릴지라도 하늘의 영생이 견고하다면
그것으로 만족합니다. 영원히 흔들리지 않는 반석을
의지하는 하루가 되게 하소서.

하나님의 부재(不在)를 불평하기 전에

14 오직 시온이 이르기를 여호와께서 나를 버리시며 주께서 나를 잊으셨다 하였거니와

15 여인이 어찌 그 젖 먹는 자식을 잊겠으며 자기 태에서 난 아들을 긍휼히 여기지 않겠느냐 그들은 혹시 잊을지라도 나는 너를 잊지 아니할 것이라

16 내가 너를 내 손바닥에 새겼고 너의 성벽이 항상 내 앞에 있나니

17 네 자녀들은 빨리 걸으며 너를 헐며 너를 황폐하게 하던 자들은 너를 떠나가리라

(이사야 49 : 14 ~ 17)

여인이 젖 먹는 자녀를 잊지 못하고 그 아들을 긍휼히 여기는 것처럼 하나님의 마음도 그와 같습니다. 혹시 부모는 자녀를 잊을지라도 하나님은 결코 우리를 잊지 않으십니다. 우리는 하나님의 손바닥 안에 새겨져 있습니다. 이것이 바로 그리스도인의 특권입니다. 자녀를 잃은 그 외로운 마음은 누구도 달랠 수 없으며 공허하고 참담한 심정을 대신할 수 있는 것은 아무것도 없습니다. 시온은 마치 자녀를 잃은 부모와 같았지만 이제 자신이 낳지 않은 수많은 자녀들이 그 땅에 가득하게 될 것입니다. 우리의 삶에 어떤 참담한 상황이 펼쳐지더라도 우리의 이름이 주님의 손바닥에 새겨져 있다는 사실을 굳게 믿으십시오. 주님께서 지금 나를 기억하고 계십니다.

🌿 나의 기도 🌿

하나님께서 나를 버렸다고 원망하고 불평하며
죄를 합리화했습니다. 주님께서 나를 잊었으니
나도 주님을 잊겠다고 반항하기도 했습니다.
이 모든 어리석은 생각과 말을 가슴 깊이 회개합니다.
아침마다 새로운 하나님의 말씀 앞에 겸손히 섭니다.
오늘도 나를 주님의 손바닥에 새겨주소서.

SUMMER

AUTUMN

WINTER

SPRING

10년 뒤
나에게
쓰는 편지

11 여호와의 말씀이니라 너희를 향한 나의 생각을 내가 아나니 평안이요 재앙이 아니니라 너희에게 미래와 희망을 주는 것이니라 **12** 너희가 내게 부르짖으며 내게 와서 기도하면 내가 너희들의 기도를 들을 것이요 **13** 너희가 온 마음으로 나를 구하면 나를 찾을 것이요 나를 만나리라

(예레미야 29:11~13)

고통의 신비

5 주 여호와께서 나의 귀를 여셨으므로 내가 거역하지도 아니하며 뒤로 물러가지도 아니하며 6 나를 때리는 자들에게 내 등을 맡기며 나의 수염을 뽑는 자들에게 나의 뺨을 맡기며 모욕과 침 뱉음을 당하여도 내 얼굴을 가리지 아니하였느니라 7 주 여호와께서 나를 도우시므로 내가 부끄러워하지 아니하고 내 얼굴을 부싯돌 같이 굳게 하였으므로 내가 수치를 당하지 아니할 줄 아노라 8 나를 의롭다 하시는 이가 가까이 계시니 나와 다툴 자가 누구냐 나와 함께 설지어다 나의 대적이 누구냐 내게 가까이 나아올지어다 (이사야 50:5~8)

고통 앞에서 얼굴을 돌리지 말아야 합니다. 고통을 겪은 사람만이 고통당하는 자를 온전히 도울 수 있습니다. 이 신비를 기억하십시오. 그리스도인은 어떤 모욕과 학대를 받더라도 수치와 부끄러움을 겪지 않습니다. 하나님께서 우리를 돕기 때문입니다. 우리의 뺨을 치고 침을 뱉는 자들을 만난다고 할지라도 두려워 마십시오. 우리를 의롭다 하시는 하나님이 가까이 계십니다. 횃불을 들고 흑암을 이기려는 자들은 넘어질지라도 하나님을 의지하는 자는 어둠 가운데서도 헤매지 않을 것입니다.

나의 기도

인생에서 내가 겪는 모든 고통 앞에서 주님을 거역하지도 않고 뒤로
물러나지도 않겠습니다. 십자가의 사랑이 나를 권면하기 때문입니다.
오늘도 이 죄인을 의롭다 하시는 주님만 의지합니다.

연단의 불 시험

12 사랑하는 자들아 너희를 연단하려고 오는 불 시험을 이상한 일 당하는 것 같이 이상히 여기지 말고 **13** 오히려 너희가 그리스도의 고난에 참여하는 것으로 즐거워하라 이는 그의 영광을 나타내실 때에 너희로 즐거워하고 기뻐하게 하려 함이라 **14** 너희가 그리스도의 이름으로 치욕을 당하면 복 있는 자로다 영광의 영 곧 하나님의 영이 너희 위에 계심이라

(베드로전서 4: 12~14)

많은 그리스도인들이 고난이 닥쳐올 때 신앙이 흔들리는 것을 경험합니다. 신앙이 흔들리는 이유는 지금까지 잘못 배워온 지식 때문입니다. 기도하면 모든 것을 들어주시는 하나님, 모든 고난을 막아주시는 하나님, 사랑과 보호의 하나님만 배웠기 때문입니다. 그러나 하나님은 그렇게 단순한 지식으로 이해할 수 있는 분이 아닙니다. 하나님은 고난이라는 쓴 약을 사용해서 우리를 영광의 자리로 인도하시는 분입니다. 지금 내게 닥친 연단의 불 시험을 이상히 여기지 마십시오. 죄인인 나를 정금으로 만드시기 위해 오래 참으시며 불 가운데 물 가운데 함께하시는 주님의 사랑을 기억하십시오.

나의 기도

죄로 인한 고난도 인내하지 못하는 내 자신이 부끄럽습니다. 이제 연단의 불 시험이 나를 영광스럽게 하신다는 것을 믿습니다. 오늘 하나님의 뜻대로 받는 고난을 사모합니다. 불같은 연단이 내게 올지라도 낙심하지 않으며 나와 함께 하시는 주님을 끝까지 붙들고 나아가게 하소서.

〔 영원한 이별은 없습니다 〕

13 형제들아 자는 자들에 관하여는 너희가 알지 못함을 우리가 원하지 아니하노니 이는 소망 없는 다른 이와 같이 슬퍼하지 않게 하려 함이라 14 우리가 예수께서 죽으셨다가 다시 살아나심을 믿을진대 이와 같이 예수 안에서 자는 자들도 하나님이 그와 함께 데리고 오시리라 15 우리가 주의 말씀으로 너희에게 이것을 말하노니 주께서 강림하실 때까지 우리 살아 남아 있는 자도 자는 자보다 결코 앞서지 못하리라 16 주께서 호령과 천사장의 소리와 하나님의 나팔 소리로 친히 하늘로부터 강림하시리니 그리스도 안에서 죽은 자들이 먼저 일어나고 17 그 후에 우리 살아 남은 자들도 그들과 함께 구름 속으로 끌어 올려 공중에서 주를 영접하게 하시리니 그리하여 우리가 항상 주와 함께 있으리라 18 그러므로 이러한 말로 서로 위로하라

(데살로니가전서 4:13~18)

본문은 죽음과 부활에 대해 중요한 가르침을 주고 있습니다. 대부분의 사람들이 죽음은 영원한 이별이며 모든 것의 끝이라고 생각합니다. 그러나 그리스도인은 죽음에 대해 다른 개념을 가지는 사람들입니다. 잠이 들면 깨어나는 것처럼 그리스도 안에서 죽은 자들은 언젠가 다시 깨어나는 날이 옵니다. 비그리스도인에게 죽음이 절망이라면 그리스도인에게 죽음은 소망입니다. 영원한 이별이 아니기 때문입니다. 호령과 천사장과 하나님의 나팔 소리와 함께 예수님이 하늘로부터 오시는 그날에 비통함과 슬픔 가운데서 헤어졌던 사랑하는 사람들을 다시 만나게 될 것입니다. 사랑하는 부모님, 형제자매, 친구들 모두 언젠가 죽음으로 이별해야 합니다. 가슴 찢는 아픔을 겪는 모든 사람에게 이것이 끝이 아니라고 말해 주십시오. 기쁨으로 얼싸안을 날이 온다는 소망을 전해 주십시오. 이것이 복음입니다.

🌿 나의 기도 🌿

예수 그리스도 안에서 잠자는 모든 사람에게 영생이 있음을 믿습니다.
오늘 눈물로 이별한다 해도 다시 만날 날을 소망합니다. 천국 문 앞에서
다시 만나는 날, 얼싸안고 미처 다하지 못했던 말을 하고 싶습니다.
"이날이 올 줄 굳게 믿고 기다렸습니다. 흘렸던 모든 눈물이
기억나지 않을 만큼 기쁘기가 한량없습니다. 사랑하고 사랑합니다."

부활의 신비

3 베드로와 그 다른 제자가 나가서 무덤으로 갈새 4 둘이 같이 달음질하더니
그 다른 제자가 베드로보다 더 빨리 달려가서 먼저 무덤에 이르러 5 구부려
세마포 놓인 것을 보았으나 들어가지는 아니하였더니 6 시몬 베드로는 따라
와서 무덤에 들어가 보니 세마포가 놓였고 7 또 머리를 쌌던 수건은 세마포
와 함께 놓이지 않고 딴 곳에 쌌던 대로 놓여 있더라 8 그 때에야 무덤에 먼
저 갔던 그 다른 제자도 들어가 보고 믿더라

(요한복음 20:3~8)

막달라 마리아는 예수님의 무덤을 찾아갑니다. 그러나 무덤은 비어있었고 마리아는 베드로와 사랑받는 제자에게 달려가 그 사실을 알립니다. 빈 무덤에는 세마포 수의만이 남아있었습니다. 마지막 가는 길을 장식했던 이 값비싼 의복과 향품은 그대로 남아있었습니다. 부활하신 예수님에게는 더 이상 필요하지 않은 허례허식이었습니다. 우리 또한 예수님처럼 부활의 몸을 가질 사람들입니다. 먹고 마시고 입는 일에 대한 욕심을 버리십시오. 버리고 갈 것보다 영원한 것을 사모하십시오. 부활의 예수님이 우리를 인도하실 것입니다.

나의 기도

생명을 살리는 하나님의 일에 관심이
없었습니다. 그러나 예수님을 사랑한 후
나의 모든 삶이 바뀌었습니다.
예수님을 만나는 날을 준비하기 위해
세상의 것과 나 자신을 버리고 달려갑니다.
주님 나를 안아주소서.

Winter
매서운
겨울 바람을 견디고

하나님의 나라는 역설적이다.
십자가의 비참한 패배를 통해
거룩한 하나님이 더욱 영광을 받고,
실패를 통해 승리를 얻게 되고,
깨어짐으로 나음을 얻게 되고,
나를 잃어버림으로 나를 찾게 된다.

- Charles Colson

The kingdom of God is a paradox,
where through the ugly defeat of a cross,
a holy God is utterly glorified.
Victory comes through defeat;
healing through brokenness;
finding self through losing self.
- Charles Colson

SUMMER AUTUMN WINTER SPRING

우리의 앞날은 주님 손에 있습니다

11 내가 모든 대적들 때문에 욕을 당하고 내 이웃에게서는 심히 당하니 내 친구가 놀라고 길에서 보는 자가 나를 피하였나이다 12 내가 잊어버린 바 됨이 죽은 자를 마음에 두지 아니함 같고 깨진 그릇과 같으니이다 13 내가 무리의 비방을 들었으므로 사방이 두려움으로 감싸였나이다 그들이 나를 치려고 함께 의논할 때에 내 생명을 빼앗기로 꾀하였나이다 14 여호와여 그러하여도 나는 주께 의지하고 말하기를 주는 내 하나님이시라 하였나이다 15 나의 앞날이 주의 손에 있사오니 내 원수들과 나를 핍박하는 자들의 손에서 나를 건져 주소서

(시편 31:11~15)

사람들은 연약해진 우리를 무시하며 심지어 피하고 싶어 합니다. 친밀했던 모든 만남이 사라지고 인생의 방 안에 홀로 남겨진다면 깨진 그릇 같은 우리를 주워 담으시고 새롭게 빚으시는 주님을 기억하십시오. 이웃에게 당하고 친구에게 밟히는 비참한 순간이야말로 하나님을 깨닫게 되는 때입니다. 주님은 우리의 고난을 보시고 벼랑 끝에 서 있는 우리를 알고 계십니다. 어떤 설명이나 변명이 필요 없습니다. 주님은 하나님이시기 때문입니다. 기력이 쇠하고 슬픔과 탄식이 가득할지라도 우리의 앞날은 주님 손에 있습니다. 오늘 마음을 담아 주님께 고백하십시오. "주는 나의 하나님이십니다." 이 고백 하나로 인생의 고비를 찬송하며 넘게 될 것입니다.

SUMMER

AUTUMN

WINTER

SPRING

혼자가 아닙니다

15 너희가 나를 사랑하면 나의 계명을 지키리라 16 내가 아버지께 구하겠으니 그가 또 다른 보혜사를 너희에게 주사 영원토록 너희와 함께 있게 하리니 17 그는 진리의 영이라 세상은 능히 그를 받지 못하나니 이는 그를 보지도 못하고 알지도 못함이라 그러나 너희는 그를 아나니 그는 너희와 함께 거하심이요 또 너희 속에 계시겠음이라 18 내가 너희를 고아와 같이 버려두지 아니하고 너희에게로 오리라 19 조금 있으면 세상은 다시 나를 보지 못할 것이로되 너희는 나를 보리니 이는 내가 살아 있고 너희도 살아 있겠음이라

(요한복음 14:15~19)

인간의 가장 본질적인 고통은 외로움입니다. 태어나는 모두에게 백년의 고독이 기다리고 있는 것입니다. 우리가 하나님을 믿게 되는 순간 우리는 이 고독으로부터 영원히 해방됩니다. 예수님과 하나님과 성령님의 완전한 사귐 안에 들어가기 때문입니다. 다가오는 상실감으로 불안해하는 제자들에게 예수님은 보혜사 성령님을 약속합니다. 예수님은 고아와 같이 우리를 버려두지 아니하고 우리 안에 거하실 것입니다.

38년의 절망을 끝내며

1 그 후에 유대인의 명절이 되어 예수께서 예루살렘에 올라가시니라 2 예루살렘에 있는 양문 곁에 히브리 말로 베데스다라 하는 못이 있는데 거기 행각 다섯이 있고 3 그 안에 많은 병자, 맹인, 다리 저는 사람, 혈기 마른 사람들이 누워 [물의 움직임을 기다리니 4 이는 천사가 가끔 못에 내려와 물을 움직이게 하는데 움직인 후에 먼저 들어가는 자는 어떤 병에 걸렸든지 낫게 됨이러라] 5 거기 서른여덟 해 된 병자가 있더라 6 예수께서 그 누운 것을 보시고 병이 벌써 오래된 줄 아시고 이르시되 네가 낫고자 하느냐 7 병자가 대답하되 주여 물이 움직일 때에 나를 못에 넣어 주는 사람이 없어 내가 가는 동안에 다른 사람이 먼저 내려가나이다 8 예수께서 이르시되 일어나 네 자리를 들고 걸어가라 하시니 9 그 사람이 곧 나아서 자리를 들고 걸어가니라 이 날은 안식일이니

(요한복음 5:1~9)

38년 된 병자의 이야기는 우리로 하여금 소망에 대해 다시 생각하게 합니다. 예루살렘의 베데스다 못 가에는 기적의 치유를 희망하는 많은 사람들이 있었습니다. 그러나 이 기적은 몇 가지 제한 점이 있었습니다. 천사가 물을 움직이는 기적이 있어야 하고, 그 후에 수많은 사람들과 경쟁하여 누구보다 먼저 물에 들어가야 했습니다. 치열한 경쟁을 뚫고 치유받을 수 있는 확률은 극히 적었습니다. 아마도 그 못 가에 누워있는 대부분의 사람들은 기적이 필요한 환우들이었을 것입니다. 그런데 38년 동안 고통에 시달렸던 한 사람이 예수님과 만나게 됩니다. 전능하신 하나님께서 우리에게 원하는 것을 물으시는 순간은 가능성이 창조되는 순간입니다. 예수님의 말씀에 따라 38년 된 병자는 그 자리에서 치유를 받습니다. 이것이 말씀이 가진 창조의 능력입니다. 오늘 오랫동안 지속된 고통이라 할지라도 예수님께 아뢰십시오. 새로운 가능성이 창조될 것입니다.

🌿 나의 기도 🌿

오랫동안 계속된 내 삶의 고통이 있습니다.
힘을 다해 노력하고 애써도 벗어날 수 없었습니다.
오늘 예수님께 이 고통을 맡깁니다.
십자가의 능력으로 깨끗하게 치유받을 줄 믿습니다.
베데스다의 기적이 오늘 내 삶에 일어나게 하소서.

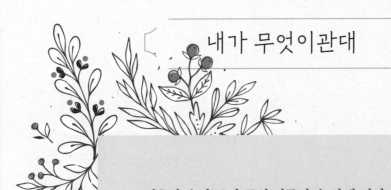

내가 무엇이관대

1 여호와 우리 주여 주의 이름이 온 땅에 어찌 그리 아름다운지요 주의 영광이 하늘을 덮었나이다 2 주의 대적으로 말미암아 어린 아이들과 젖먹이들의 입으로 권능을 세우심이여 이는 원수들과 보복자들을 잠잠하게 하려 하심이니이다 3 주의 손가락으로 만드신 주의 하늘과 주께서 베풀어 두신 달과 별들을 내가 보오니 4 사람이 무엇이기에 주께서 그를 생각하시며 인자가 무엇이기에 주께서 그를 돌보시나이까 5 그를 하나님보다 조금 못하게 하시고 영화와 존귀로 관을 씌우셨나이다 6 주의 손으로 만드신 것을 다스리게 하시고 만물을 그의 발 아래 두셨으니 7 곧 모든 소와 양과 들짐승이며 8 공중의 새와 바다의 물고기와 바닷길에 다니는 것이니이다 9 여호와 우리 주여 주의 이름이 온 땅에 어찌 그리 아름다운지요

(시편 8:1~9)

아름다운 창조세계에는 하나님의 영광이 있습니다. 파란 하늘의 눈부심, 밤하늘에 뜬 운치 있는 달, 광대한 별들의 운행, 이 모든 것이 하나님의 영광입니다. 그러나 창조주 하나님께서는 우주의 먼지보다 못한 인간을 위해 기꺼이 영광을 버리셨습니다. 인간의 육체에 자신을 가두시고 시간과 공간에 제약을 받으셨고 무력한 죄인으로 십자가를 지셨습니다. 나를 사랑하기로 결정하셨기 때문입니다. 이 가을, 주님이 만드신 산과 바다로 떠나십시오. 감탄을 자아내는 절경을 마주한다면 다음과 같이 질문해 보십시오. "내가 무엇이관대 주께서 나를 사랑하시나이까." 그리고 주님의 음성을 경청하십시오. "너는 이 아름다운 창조세계와도 바꿀 수 없는 나의 아이다." 삶에서 낙심되는 순간은 언제나 있습니다. 갑자기 잃은 건강, 사람들의 배신, 경제적 어려움 앞에서 우리의 영혼은 피곤하고 지쳐갑니다. 더 이상 인생을 달리고 싶지 않을 때, 하나님의 창조세계 앞에 서십시오. 무조건적인 사랑이 가지는 아름다움을 발견하십시오. 이 세상 끝 날까지 나를 지키실 영원한 사랑이 그 안에 있습니다.

🌿 나의 기도 🌿

고단한 삶이지만 주께서 이렇게나 나를 사랑하시니 그것만으로 기쁘고 만족합니다. 영생에 이르기까지 나를 인도하소서.

SUMMER

AUTUMN

WINTER

SPRING

시몬과 함께 걷는 길

그들이 예수를 끌고 갈 때에 시몬이라는 구레네 사람이 시골에서
오는 것을 붙들어 그에게 십자가를 지워 예수를 따르게 하더라

(누가복음 23:26)

십자가를 지고 가는 힘겨운 순례의 길 어느 한 가운데, 우리는 반드시
지쳐 넘어지게 될 것입니다. 그때 하나님께서는 누군가의 어깨로 우
리의 십자가를 나눠지게 하십니다. 하나님을 더욱 깊이 신뢰하십시오.
하나님께서는 쓰러진 예수님께 구레네 시몬을 보내셨습니다. 십자가
는 홀로 지는 것이 아닙니다. 우리는 이미 성령님과 동행하고 있습니
다. 그리고 우리가 쓰러지는 순간 주님께서는 예비된 시몬을 보내주실
것입니다.

불타는
마음의 고통

8 에브라임이여 내가 어찌 너를 놓겠느냐 이스라엘
이여 내가 어찌 너를 버리겠느냐 내가 어찌 너를 아
드마 같이 놓겠느냐 어찌 너를 스보임 같이 두겠느
냐 내 마음이 내 속에서 돌이키어 나의 긍휼이 온
전히 불붙듯 하도다 9 내가 나의 맹렬한 진노를 나
타내지 아니하며 내가 다시는 에브라임을 멸하지 아
니하리니 이는 내가 하나님이요 사람이 아님이라
네 가운데 있는 거룩한 이니 진노함으로 네게 임하
지 아니하리라

(호세아 11:8~9)

화재가 발생한 현장에 아이가 있고 큰 장벽을 사이에 두고 그 아이의 어머니가 있다면 어머니는 온 힘을 다해 피 토하듯 외칠 것입니다. "불이 난 곳에서 나와라!" 아이만 불타고 있는 것이 아닙니다. 아이를 지켜보는 어머니의 마음도 애타는 긍휼함으로 불타고 있습니다. 죄라는 장벽을 사이에 둔 하나님은 우리를 향한 긍휼함 때문에 마음이 불붙는 것 같은 괴로움을 느끼고 계십니다. 우리가 얼마나 비참하고 비열했든지 치졸하고 교만했든지 관계없습니다. 하나님께로 돌아오십시오. 우리가 가진 모든 죄악은 전능한 하나님께서 능히 치료할 수 있습니다. 탕자가 돌아올 때 큰 기쁨 가운데 맞아주셨던 아버지의 사랑이 지금 우리를 기다리고 있습니다.

🌿 나의 기도 🌿

깨지고 상한 이 모습 이대로 아버지께 돌아갑니다.
긍휼로 불붙은 아버지의 마음에 기대어 내 눈물을 쏟습니다.
아버지의 고통과 나의 고통이 만나는 자리에서 내가 고침 받을 줄 믿습니다.
사랑 가운데 주님과 하나 되는 축복을 누리게 하소서.

불면증으로
시달리십니까?

1 내 의의 하나님이여 내가 부를 때에 응답하소서 곤란 중에 나를 너그럽게 하셨사오니 내게 은혜를 베푸사 나의 기도를 들으소서 2 인생들아 어느 때까지 나의 영광을 바꾸어 욕되게 하며 헛된 일을 좋아하고 거짓을 구하려는가 (셀라) 3 여호와께서 자기를 위하여 경건한 자를 택하신 줄 너희가 알지어다 내가 그를 부를 때에 여호와께서 들으시리로다 4 너희는 떨며 범죄하지 말지어다 자리에 누워 심중에 말하고 잠잠할지어다 (셀라) 5 의의 제사를 드리고 여호와를 의지할지어다 6 여러 사람의 말이 우리에게 선을 보일 자 누구뇨 하오니 여호와여 주의 얼굴을 들어 우리에게 비추소서 7 주께서 내 마음에 두신 기쁨은 그들의 곡식과 새 포도주가 풍성할 때보다 더하니이다 8 내가 평안히 눕고 자기도 하리니 나를 안전히 살게 하시는 이는 오직 여호와이시니이다

(시편 4:1~8)

밟히고 무시당한 다윗은 작아지고 위축된 마음
으로 밤을 지새웁니다. 하지만 다윗은 이때야말
로 하나님 앞에서 믿음을 보일 때라고 선포합니
다. 악인들이 우리의 평판을 빼앗을 수는 있습니
다. 그러나 심령의 기쁨은 빼앗을 수 없습니다. 이
런 기쁨은 갑작스럽게 오른 주식이나 부동산이
주는 기쁨과는 비교할 수 없습니다. 하나님의 기
쁨이 마음에 충만할 때 우리는 평안히 누워 잠을
청할 수 있습니다. 오늘 본문을 보십시오. 절망 가
운데 다윗은 평안히 누워 잠을 자고 있습니다. 하
나님께서 그의 안전을 보장하기 때문입니다. 오늘
주님을 깊이 신뢰하기로 결심하십시오.

나의 기도

주의 말씀이 나의 심령을 살리시고,
주의 평안이 나를 먹고 마시고 잠들게 했음을
고백합니다. 폭풍우치는 바다 위에서도
주님을 의지하여 안전히 잠들게 하소서.

순전한
눈물의 승리

6 내가 탄식함으로 피곤하여 밤마다 눈물로 내 침상을 띄우며 내 요를 적시나이다 7 내 눈이 근심으로 말미암아 쇠하며 내 모든 대적으로 말미암아 어두워졌나이다 8 악을 행하는 너희는 다 나를 떠나라 여호와께서 내 울음 소리를 들으셨도다 9 여호와께서 내 간구를 들으셨음이여 여호와께서 내 기도를 받으시리로다

(시편 6:6~9)

다윗은 자신의 곡함을 하나님께서 들으셨다고 고백합니다. 영혼 깊은 곳에서부터 전해오는 뼈가 떨리는 고통 앞에서 울지 않을 자는 없습니다. 우리가 사람과 상황과 싸우며 힘을 뺀다면 하나님께 힘을 쏟을 수 없습니다. 그러나 사람 앞에서 인내한다면 하나님께 내 모든 힘과 눈물을 쏟을 수 있습니다. 이제 참았던 울음을 주님 앞에 쏟으십시오. 많은 말이 필요치 않습니다. 그것으로 충분합니다. 눈물로만 넘을 수 있는 신앙의 험산 준령을 믿음으로 넘어가십시오.

🌿 나의 기도 🌿

폭력과 궤휼과 고함이 아닌 순전한 눈물로 승리하게 하시니
감사합니다. 참았던 내 눈물을 보좌에 모두 쏟겠습니다.
하늘 아버지의 손으로 닦아주소서.

그리스도인의 언어생활

2 기도를 계속하고 기도에 감사함으로 깨어 있으라 3 또한 우리를 위하여 기도하되 하나님이 전도할 문을 우리에게 열어 주사 그리스도의 비밀을 말하게 하시기를 구하라 내가 이 일 때문에 매임을 당하였노라 4 그리하면 내가 마땅히 할 말로써 이 비밀을 나타내리라 5 외인에게 대해서는 지혜로 행하여 세월을 아끼라 6 너희 말을 항상 은혜 가운데서 소금으로 맛을 냄과 같이 하라 그리하면 각 사람에게 마땅히 대답할 것을 알리라 7 두기고가 내 사정을 다 너희에게 알려 주리니 그는 사랑 받는 형제요 신실한 일꾼이요 주 안에서 함께 종이 된 자니라 8 내가 그를 특별히 너희에게 보내는 것은 너희로 우리 사정을 알게 하고 너희 마음을 위로하게 하려 함이라

(골로새서 4:2~8)

본문은 우리의 언어생활에 대해 가르치고 있습니다. 첫째, 우리가 전도할 때 우리의 말은 하나님께서 주관하십니다. 전도하기 위한 언어는 오직 기도의 힘에서 나옵니다. 그리스도의 비밀을 말하게 해달라고 기도하십시오. 둘째, 우리의 언어가 맛을 내는 소금이 되어야 합니다. 소금이 없다 해도 음식의 영양이 사라지는 것은 아닙니다. 그러나 아무 맛도 없게 됩니다. 은혜 가운데서 말하는 사람들은 자꾸 맛보고 싶게 만들어지는 요리와 같은 존재가 됩니다. 사람들과 대화를 할 때 하나님의 은혜 안에서 말하십시오. 셋째, 각자의 사정을 서로에게 알려줘야 합니다. 이것은 현대인의 말로 표현하면 소통입니다. 바울은 두기고를 보내서 자신들의 사정을 알게 했습니다. 전하지 않는다면 서로의 상황을 알 수 없습니다. 서로가 처해있는 상황을 알지 못한다면 위로하거나 마음을 나눌 수도 없습니다. 불통은 하나 됨을 깨트립니다. 오늘 사랑 가운데서 각자의 사정을 전하기 위해 열심을 내십시오.

🌿 나의 기도 🌿

세상에서 인정받는 달변가가 되기 원했지만
그리스도의 비밀을 말하게 해달라고 기도하지는 않았습니다.
나의 말이 항상 은혜 가운데 있는지 점검하지 못했습니다.
사랑하는 마음으로 타인에게 나의 상황과 사정을 설명하며
위로하고 하나 되지 못했습니다. 지금까지 반복된 나의 언어생활을
회개합니다. 이제 나의 언어를 통해 복음이 전파되고
은혜가 넘쳐나며 서로를 향한 사랑이 넘쳐나게 하소서.

SUMMER
AUTUMN
WINTER
SPRING

영적 전쟁

8 근신하라 깨어라 너희 대적 마귀가 우는 사자 같이 두루 다니며 삼킬 자를 찾나니 9 너희는 믿음을 굳건하게 하여 그를 대적하라 이는 세상에 있는 너희 형제들도 동일한 고난을 당하는 줄을 앎이라 10 모든 은혜의 하나님 곧 그리스도 안에서 너희를 부르사 자기의 영원한 영광에 들어가게 하신 이가 잠깐 고난을 당한 너희를 친히 온전하게 하시며 굳건하게 하시며 강하게 하시며 터를 견고하게 하시리라

(베드로전서 5:8~10)

베드로전서는 우리의 대적이 누구인지 분명히 알려주며 글을 맺습니다. 우리 인생의 진정한 대적은 가족이나 친구나 동료가 아닙니다. 우는 사자와 같이 두루 다니고 있는 마귀입니다. 그들의 목적은 분명합니다. 한입에 우리를 삼켜 죽이는 것입니다. 사자와 마주친 사람이 잠을 자고 있거나 게으르다면 살아남지 못합니다. 근신하여 깨어 일어나십시오. 사자 앞에서 잠을 자는 어리석은 사람이 되어서는 안 됩니다. 굳건한 믿음을 가지고 마귀와 대적하십시오. 주위 사람들과 헛된 싸움을 멈추고 마귀와의 영적 전쟁을 시작하십시오. 이것은 홀로 하는 전쟁이 아닙니다. 우리를 온전하게 하시고 굳건하게 하시며 강하게 하시는 하나님께서 함께하고 계십니다. 하나님의 권능이 우리를 도울 것입니다.

🌿 나의 기도 🌿

나의 연약함을 핑계 삼고 부족함을 내세우며 피해
달아났습니다. 온전하게 하시며 강하게 하시는 주님을
신뢰하지 않았기 때문입니다. 이제 나를 부르신
은혜의 하나님 앞에 나아갑니다. 영원한 권능으로
함께하실 주님만 의지하게 하소서.

Spring
시작되는 생명의 봄

주님께서 우리에게 물어보고자 하시는 것은
딱 한 가지이다.
그것은 '우리가 기도의 사람인지,
주님과 친밀한 삶을 사는지,
주님이 모든 것이 되는지,
주님으로 만족하는지' 이다.
이것이 평안의 기초이기 때문이다.

- Brennan Manning

In essence, there is only one thing God asks of us
that we be men and women of prayer,
people who live close to God,
people for whom God is everything and
for whom God is enough.
That is the root of peace.
- Brennan Manning

영혼의 특효약

17 여호와께서 내게 도움이 되지 아니하셨더면 내 영혼이 벌써 침묵 속에 잠겼으리로다 18 여호와여 나의 발이 미끄러진다고 말할 때에 주의 인자하심이 나를 붙드셨사오며 19 내 속에 근심이 많을 때에 주의 위안이 내 영혼을 즐겁게 하시나이다

(시편 94:17~19)

하나님께서는 절대 우리를 버리지 않으십니다. 발이 미끄러지듯이 인생에서 미끄러지는 순간이 올 때, 하나님의 인자하심이 우리를 붙들 것입니다. 근심하고, 절망하고 두려워하는 그 순간에 하나님의 위로를 경험하십시오. 하나님의 위로는 우리 영혼을 즐겁게 하는 특효약입니다. 스트레스가 가득한 날일수록 성전으로 발걸음을 옮기십시오. 영혼의 즐거움을 되찾게 될 것입니다.

SUMMER AUTUMN WINTER SPRING

하나님이
다가오시는 사인(sign)

9 늙을 때에 나를 버리지 마시며 내 힘이 쇠약할 때에 나를 떠나지 마소서 10 내 원수들이 내게 대하여 말하며 내 영혼을 엿보는 자들이 서로 꾀하여 11 이르기를 하나님이 그를 버리셨은즉 따라 잡으라 건질 자가 없다 하오니 12 하나님이여 나를 멀리 하지 마소서 나의 하나님이여 속히 나를 도우소서

(시편 71:9~12)

주님은 우리가 연소할 때나 연로할 때나 늘 존귀하게 여기시며 보호합니다. 인생의 고난은 하나님이 우리를 버렸다는 징표가 아닙니다. 오히려 하나님이 우리에게 더 가까이 다가오신다는 사인(sign)입니다.

모든 것을
잃어도
예배할 수
있습니다

29 오직 나는 가난하고 슬프오니 하나님이여 주의 구원으로 나를 높이소서 30 내가 노래로 하나님의 이름을 찬송하며 감사함으로 하나님을 위대하시다 하리니 31 이것이 소 곧 뿔과 굽이 있는 황소를 드림보다 여호와를 더욱 기쁘시게 함이 될 것이라 32 곤고한 자가 이를 보고 기뻐하나니 하나님을 찾는 너희들아 너희 마음을 소생하게 할지어다

(시편 69:29~32)

다윗은 비방과 수치와 능욕으로 마음이 상하고 근심이 가득했지만 아무도 그를 긍휼히 여기지 않았습니다. 이 가난한 예배자는 슬픈 마음 외에 아무것도 가진 것이 없었습니다. 그러나 그는 힘찬 소리로 하나님을 찬송하고 노래합니다. 황소를 드리는 것보다 하나님을 더욱 기쁘게 해 드리는 것은 전심을 담은 찬송입니다. 하나님을 찾는 동안은 소망이 있습니다. 우리에게 가장 큰 불행은 하나님을 잊고 절망에 빠지는 것입니다. 모든 것을 잃을지라도 예배할 수 있다면 구원을 경험할 수 있습니다. 가난하고 슬프고 멸시당하는 예배자야말로 천국에 가까이 갈 수 있는 자들입니다. 원하는 모든 것을 가질지라도 하나님이 없다면 우리는 모든 것을 잃은 자입니다. 그러나 하나님이 함께 하신다면 모든 것을 잃어도 모든 것을 가진 자입니다. 오늘 이 진리의 말씀을 묵상하십시오.

🌿 나의 기도 🌿

건강과 재산과 사랑하는 사람들을 잃을지라도
주님이 계시다면 저는 모든 것을 가진 자입니다.
죽은 자를 살리시는 부활의 주님께서 모든 것을
온전하게 하시기 때문입니다. 곤고하고 힘든 삶일지라도
날마다 하나님을 찾습니다.
지치고 상한 내 마음을 소생시켜 주소서.

날마다 우리 짐을
지시는 하나님

날마다 우리 짐을 지시는 주 곧 우리의 구원
이신 하나님을 찬송할지로다 (셀라)

(시편 68:19)

하나님의 구원은 일회적인 사건이 아닙니다. 주님
은 날마다 우리의 짐을 지시는 구원의 하나님이십
니다. 일주일, 고작 한 번의 예배로 주님의 구원을
온전히 경험할 수 없습니다. 지금도 주님께서는 수
고하고 무거운 짐 진 자들을 향해 내게로 나오라
고 부르십니다. 일상의 모든 순간에 우리를 대신해
서 짐을 지시는 주님의 구원을 맛보십시오.

주님만이
나의 피난처입니다

1 하나님이여 나의 부르짖음을 들으시며 내 기도에 유의
하소서 2 내 마음이 약해 질 때에 땅 끝에서부터 주께 부르
짖으오리니 나보다 높은 바위에 나를 인도하소서 3 주는 나
의 피난처시요 원수를 피하는 견고한 망대이심이니이다
4 내가 영원히 주의 장막에 머물며 내가 주의 날개 아래로
피하리이다 (셀라)

(시편 61:1~4)

인생을 살다 보면 누구나 마음이 약해지는 순간이 있습니다. 자신의 힘으로는 뛰어넘을 수 없는 환란이나 시련 때문에 마음이 눌리는 것입니다. 능력의 한계를 경험할 때 사람들은 의지할 곳을 찾기 마련입니다. 권력이나 힘을 가진 사람을 의지하기도 하고 자신을 사랑하는 사람들에게 매달리기도 합니다. 마음이 약해질수록 더 많은 재물이나 권력에 집착하는 사람들도 있습니다. 본문은 인생의 중요한 진리를 노래하고 있습니다. 우리가 마음이 약해질 때 의지할 수 있는 견고한 망대는 오직 주님뿐입니다. 마음이 약해지는 모든 순간에 주님을 피난처로 삼으시고 주의 날개 아래 거하십시오. 우리가 울며 심정을 토로할 때 사람들이 귀 기울이는 것처럼 보이지만 결국은 자신의 방식대로 약해진 우리들을 이해하고 판단합니다. 혹은 온전한 사랑의 마음으로 들어주었다 하더라도 낮고 연약해진 우리를 높은 바위까지 인도할 혜안도 능력도 없습니다. 지금 우리의 피난처는 누구입니까? 마음이 약해진 순간 전화번호를 누르기 전에 먼저 성전을 향해 달려 나오십시오.

🌿 나의 기도 🌿

작은 고난에도 마음이 약해지고 하루를 살아야 하는 것이 두렵기만 합니다. 상황과 사람들을 통제하지 못하는 것도 힘들지만 가장 무서운 것은 뜻대로 되지 않는 나의 마음입니다. 마음이 약해진 바로 그 순간이 주님을 찾을 때라는 사실을 깨닫습니다. 힘을 다해 주님께 부르짖사오니 나보다 높은 바위에 나를 인도하소서.

기도로 답변하십시오

1 산발랏이 우리가 성을 건축한다 함을 듣고 크게 분노하여 유다 사람들을 비웃으며 2 자기 형제들과 사마리아 군대 앞에서 일러 말하되 이 미약한 유다 사람들이 하는 일이 무엇인가, 스스로 견고하게 하려는가, 제사를 드리려는가, 하루에 일을 마치려는 가 불탄 돌을 흙 무더기에서 다시 일으키려는가 하고 3 암몬 사람 도비야는 곁에 있다가 이르되 그들이 건축하는 돌 성벽은 여우가 올라가도 곧 무너지리라 하더라 4 우리 하나님이여 들으시옵소서 우리가 업신여김을 당하나이다 원하건대 그들이 욕하는 것을 자기들의 머리에 돌리사 노략거리가 되어 이방에 사로잡히게 하시고 5 주 앞에서 그들의 악을 덮어 두지 마시며 그들의 죄를 도말하지 마옵소서 그들이 건축하는 자 앞에서 주를 노하시게 하였음이니이다 하고 6 이에 우리가 성을 건축하여 전부가 연결되고 높이가 절반에 이르렀으니 이는 백성이 마음 들여 일을 하였음이니라 7 산발랏과 도비야와 아라비아 사람들과 암몬 사람들과 아스돗 사람들이 예루살렘 성이 중수되어 그 허물어진 틈이 메꾸어져 간다 함을 듣고 심히 분노하여 8 다 함께 꾀하기를 예루살렘으로 가서 치고 그 곳을 요란하게 하자 하기로 9 우리가 우리 하나님께 기도하며 그들로 말미암아 파수꾼을 두어 주야로 방비하는데 10 유다 사람들은 이르기를 흙 무더기가 아직도 많거늘 짐을 나르는 자의 힘이 다 빠졌으니 우리가 성을 건축하지 못하리라 하고 11 우리의 원수들은 이르기를 그들이 알지 못하고 보지 못하는 사이에 우리가 그들 가운데 달려 들어가서 살륙하여 역사를 그치게 하리라 하고 12 그 원수들의 근처에 거주하는 유다 사람들도 그 각처에서 와서 열 번이나 우리에게 말하기를 너희가 우리에게로 와야 하리라 하기로

(느헤미야 4:1~12)

쓸데없는 논쟁에 휘말리지 말고 기도로 답변하십시오. 까닭 없는 분노와 모욕은
하나님을 노하게 합니다. 반드시 주님께서 반응하실 것입니다. 그때까지 인내와 소
망으로 기다리십시오. 백성이 마음을 다하여 성벽을 건축하자 어느새 높이는 절반
에 이르고 허물어진 틈이 메꾸어져 갔습니다. 그 소식을 들은 이방 족속들은 분노
하며 연합전선을 구축합니다. 적이 더 늘어났습니다. 이미 건축으로 지쳐있던 유다
사람들은 공격의 풍문을 듣자 힘이 빠지고 낙심하게 됩니다. 우리가 주님의 일을
힘써 담당하면 반드시 사탄이 공격을 합니다. 대적이 늘어나고 두려운 살육이 일
어날 것 같았지만 결국은 아무 일도 일어나지 않았습니다. 담대하게 주님만 의지하
십시오.

🌿 나의 기도 🌿

억울한 비난과 모욕 앞에서 말과 행동으로 답하고 싶을 때가 많았습니다.
아직 허물어진 성벽은 많이 남아있고 해야 할 일은 산더미 같기만 합니다.
나를 변호하는 것보다 더 중요한 하나님 일에 집중하며
비방과 조롱에 대해 오직 기도로 답변하겠습니다.
주님께서 반응하실 때까지 인내로 기다리게 하소서.

사막에 강이 흐르기를

1 광야와 메마른 땅이 기뻐하며 사막이 백합화같이 피어 즐거워하며 2 무성하게 피어 기쁜 노래로 즐거워하며 레바논의 영광과 갈멜과 사론의 아름다움을 얻을 것이라 그것들이 여호와의 영광 곧 우리 하나님의 아름다움을 보리로다 3 너희는 약한 손을 강하게 하며 떨리는 무릎을 굳게 하며 4 겁내는 자들에게 이르기를 굳세어라, 두려워하지 말라, 보라 너희 하나님이 오사 보복하시며 갚아 주실 것이라 하나님이 오사 너희를 구하시리라 하라 5 그 때에 맹인의 눈이 밝을 것이며 못 듣는 사람의 귀가 열릴 것이며 6 그 때에 저는 자는 사슴 같이 뛸 것이며 말 못하는 자의 혀는 노래하리니 이는 광야에서 물이 솟겠고 사막에서 시내가 흐를 것임이라 7 뜨거운 사막이 변하여 못이 될 것이며 메마른 땅이 변하여 원천이 될 것이며 승냥이의 눕던 곳에 풀과 갈대와 부들이 날 것이며 8 거기에 대로가 있어 그 길을 거룩한 길이라 일컫는 바 되리니 깨끗하지 못한 자는 지나가지 못하겠고 오직 구속함을 입은 자들을 위하여 있게 될 것이라 우매한 행인은 그 길로 다니지 못할 것이며 9 거기에는 사자가 없고 사나운 짐승이 그리로 올라가지 아니하므로 그것을 만나지 못하겠고 오직 구속함을 받은 자만 그리로 행할 것이며 10 여호와의 속량함을 받은 자들이 돌아오되 노래하며 시온에 이르러 그들의 머리 위에 영영한 희락을 띠고 기쁨과 즐거움을 얻으리니 슬픔과 탄식이 사라지리로다

(이사야 35:1~10)

심판과 연단의 시기를 굳세게 버텨내십시오. 절망과 낙심되는 모든 상황에서 하나님을 기다리고 기다리십시오. 하나님은 반전의 하나님이십니다. 지금 나의 인생이 사막 같고 메마른 땅 같을지라도 하나님께 돌아오면 하나님의 때에 꽃도 피고 강도 흐르게 됩니다. 어떤 죄를 지었던지 어떤 상황인지는 중요하지 않습니다. 쓰러진 바로 그 자리에서 하나님을 찾으십시오.

🌿 나의 기도 🌿

사막에 강이 흐르기를 기도합니다. 황무지가 백합화로 가득하기를 꿈꿔봅니다. 메마르고 거친 내 삶에 하나님의 은혜가 가득할 것을 믿습니다. 두려워하는 대신 굳게 서서 하나님을 바라보겠습니다. 예수님의 손을 붙들고 시온의 대로(大路)만 걸어가겠습니다.

SUMMER

AUTUMN

WINTER

SPRING

나를 씻겨 주소서

8 베드로가 이르되 내 발을 절대로 씻지 못하시리
이다 예수께서 대답하시되 내가 너를 씻어 주지 아
니하면 네가 나와 상관이 없느니라 9 시몬 베드로
가 이르되 주여 내 발뿐 아니라 손과 머리도 씻어
주옵소서

(요한복음 13:8~9)

예수님께서 우리를 씻어주시지 않는다면 우
리는 예수님과 아무 상관이 없는 사람들입
니다. 아무한테도 보일 수 없는 죄라 할지라
도 정직히 주님께 내어 보이십시오. 우리의
죄 된 모습이 숨김없이 드러나도 상관없습
니다. 예수님은 바로 그 자리에서 일어나 우
리를 깨끗하게 씻겨 거룩함에 이르게 하실
것입니다. 이것이 예수님의 사랑입니다.

—

천천히
걸어야 할 때

⁹ 유다 왕 히스기야가 병들었다가 그의 병이 나은 때에 기록한 글이 이러하니라 ¹⁰ 내가 말하기를 나의 중년에 스올의 문에 들어가고 나의 여생을 빼앗기게 되리라 하였도다 ¹¹ 내가 또 말하기를 내가 다시는 여호와를 뵈옵지 못하리니 산 자의 땅에서 다시는 여호와를 뵈옵지 못하겠고 내가 세상의 거민 중에서 한 사람도 다시는 보지 못하리라 하였도다 ¹² 나의 거처는 목자의 장막을 걷음 같이 나를 떠나 옮겨졌고 직공이 베를 걷어 말음 같이 내가 내 생명을 말았도다 주께서 나를 틀에서 끊으시리니 조석간에 나를 끝내시리라 ¹³ 내가 아침까지 견디었사오나 주께서 사자 같이 나의 모든 뼈를 꺾으시오니 조석간에 나를 끝내시리라 ¹⁴ 나는 제비 같이, 학 같이 지저귀며 비둘기 같이 슬피 울며 내 눈이 쇠하도록 앙망하나이다 여호와여 내가 압제를 받사오니 나의 중보가 되옵소서 ¹⁵ 주께서 내게 말씀하시고 또 친히 이루셨사오니 내가 무슨 말씀을 하오리이까 내 영혼의 고통으로 말미암아 내가 종신토록 방황하리이다 ¹⁶ 주여 사람이 사는 것이 이에 있고 내 심령의 생명도 온전히 거기에 있사오니 원하건대 나를 치료하시며 나를 살려 주옵소서

(이사야 38:9~16)

히스기야는 모든 뼈가 꺾인 사람처럼 더 이상 힘을 쓰지 못하는 존재가 되었습니다. 유대 역사상 가장 강력한 힘을 가졌던 히스기야 왕은 이제 무력한 가운데 하나님 앞에 서 있습니다. 거칠 것 없던 왕은 영혼의 고통 때문에 천천히 걸음을 옮기며 겸손해졌습니다. 영혼의 고통은 인생의 속도를 늦춥니다. 그리고 창조주 하나님을 생각할 수 있는 기회를 허락합니다.

🌿 나의 기도 🌿

빠르게 달리던 나를 멈춰 주셔서 감사합니다.
창조주 하나님을 생각할 틈도 없이 속도를 내어 달리는
일에 열중했습니다.이제 영혼의 고통 속에서 하나님을
생각합니다. 기쁨도 슬픔도 풍요도 빈곤도 모든 것이
하나님으로부터 왔다는 진리 앞에 섭니다.
나를 고치시고 새로운 삶을 시작하게 하소서.

황금보다
귀한 고통

20 여호와께서 나를 구원하시리니 우
리가 종신토록 여호와의 전에서 수금
으로 나의 노래를 노래하리로다 21 이
사야가 이르기를 한 뭉치 무화과를 가
져다가 종처에 붙이면 왕이 나으리라
하였고 22 히스기야도 말하기를 내가
여호와의 전에 올라갈 징조가 무엇이
냐 하였더라

(이사야 38:20~22)

히스기야는 질병의 고통 가운데 진리에 도달합니다. 하나님의 숨은 사랑을 깨닫게 된 것입니다. 고통이 없다면 진정한 샬롬(평안)에 이를 수 없습니다. 왜냐하면 고통이야말로 하나님을 배울 수 있는 통로이기 때문입니다(시119:71). 히스기야는 육신의 고통을 통해 하나님께서 자신의 영혼을 사랑하며 그 모든 죄를 사하기를 원하신다는 사실을 깨달았습니다. 우리는 육신의 고통이 밀려올 때 하나님의 사랑을 의심합니다. 그러나 믿음의 눈으로 보면 나의 영혼을 향한 하나님의 뜨거운 사랑을 깨닫는 기회를 얻을 수 있습니다. 신학자 존 와츠(John D.W.Watts)는 앗수르 제국의 반역자요 자유의 투사였던 히스기야가 경건한 겸손 속에서 삶의 의미를 깨닫는 인간으로 변화되었다고 평가합니다. 진정한 삶의 의미는 이 땅이 아니라 하늘에 있습니다. 예배자로 먼저 서십시오.

🌿 나의 기도 🌿

내가 마주한 모든 고통에 대해 분노하고 절망했습니다.
그 안에 숨겨진 하나님의 사랑을 보지 못했기 때문입니다.
고통 너머로 달려오고 있는 진정한 평안을
미리 보지 못했기 때문입니다. 멸망의 구덩이에서
죽을 수밖에 없는 나를 구원하신 하나님의 사랑을 찬양합니다.
죽음 앞에 서는 날을 더 이상 두려워하지 않겠습니다.
그날이야말로 하나님께서 나를 구원할 날임을 믿습니다.
남은 삶 동안 오직 그 사랑에 감사 고백 드리며
하나님의 구원을 노래하게 하소서.

발행인 **김수연**
글쓴이 **김수연**
편집팀 **이윤진 허효경**
디자인 **김현주**
교   정 **김연옥 권영희 김연효 김현정 노혜경 임부미 조혜정 최미경**

인   쇄 **(주) 피엔엠 123**
발행일 **2022년 12월 1일 (ISBN 979-11-980629-0-1 03230)**
발행소 **경기도 성남시 분당구 분당로 263번길 67**
발행처 **도서출판 뉴원**
이메일 newone_mere@naver.com

가격: 10,000 원